AF340164

DISCOURS

PRONONCÉ A L'OUVERTURE

DES ASSEMBLÉES PRIMAIRES

DE LA SECTION

DE LA GRANGE-BATELIÈRE,

LE 28 JUILLET 1790.

PAR J. J. LEROUX, nommé Président de la Section le premier Juillet 1790.

MESSIEURS,

LA *Nation*, la *Loi*, le *Roi*.... Comme elle est sublime l'union de ces mots, toute nouvelle pour les Français ! Le Roi s'entoure de son Peuple,

A

l'*Assemblée - Nationale* établit une *Constitution*, la *Liberté* enfante une *Patrie*, des *Citoyens* font une *Fédération*.... Comme ces penſées ſont flattéuſes à l'eſprit! Comme le ſentiment qu'elles font naître eſt doux au cœur! Pour mieux ſentir les avantages de notre ſituation préſente, qu'il me ſoit permis, MESSIEURS, de jetter avec vous un coup-d'œil ſur le paſſé, auquel il ſemble que nous touchions encore, tant il y a eu de rapidité dans la ſucceſſion des événemens.

Pendant pluſieurs ſiècles, le Gouvernement avait lutté contre le peuple; il en avait enfin triomphé, non pas en lui préſentant maladroitement des fers tout nuds, comme les Deſpotes de l'Aſie, les Français les euſſent rejettés, mais en lui laiſſant croire qu'il était libre, en le menant quelquefois à la gloire & plus ſouvent au plaiſir, en diviſant ſes forces, en les rendant nulles. Nos pères, nous-mêmes, il y a peu d'années, nous dormions ſur le bord du précipice, nous dormions d'un ſommeil ſemblable à celui que produit une liqueur narcotique, dont l'effet eſt d'engourdir les maux & d'émouſſer la vie, mais qui procure toujours un réveil furieux: auſſi l'avons-nous éprouvé. La Nation courbée vers la terre, s'eft levée fièrement ; elle a dit : *Je fuis libre* ; & le bruit de fes chaînes qu'elle brifait pour en forger des armes, a fait fuir les tyrans : mais fon ami, fon véritable père, fon Roi s'eft mis à fa tête ; & la France n'a éprouvé que des malheurs particuliers, quand elle pouvait être inondée de fang.

Quelques uns de ces malheurs étaient néceffaires ; le plus grand nombre eft le crime de gens égarés qui prennent la licence pour la liberté, ou de brigands qui ne refpirent que le défordre & l'anarchie, qui ne connaiffent que le fer & la flamme, qui fe livrent au pillage & au meurtre.

Il y a un an, MESSIEURS, tout était perdu, fi nous ne nous fuffions pas oppofés à la furie des incendiaires. Qui de nous ne fe rappelle pas ces jours d'alarmes où le tocfin nous avertiffait du danger ? où nous nous raffemblions en foule dans les Diftricts ? où nous confidérions ce camp alors déferté, mais qui nous avait tant effrayés ? où les Gardes Françaifes, fe déclarant Citoyens, ne fe fouvenaient qu'ils étaient foldats, que pour nous offrir leurs armes & leurs bras ? ces jours où nous volions aux Invalides, où nous préfentions dans Paris le fpectacle terrible de têtes fanglantes, abattues pour venger la mort de nos Concitoyens immolés par trahifon fous les murs de la Baftille ? Qui de nous ne croit pas voir encore le héros de l'humanité, le meilleur des Rois venant *affurer fon peuple de fon amour !* O mon Roi, quelle confiance ! quel courage ! Tu te rendais juftice, tu avais le fentiment de tes vertus; tu rendais juftice à des Français, tu favais bien que tu en étais adoré ; mais parmi deux cent mille hommes armés, ne pouvait-il pas fe trouver un fcélérat ? C'eft le plus grand jour de ta vie ; c'eft le plus honorable pour les Parifiens.

Qui de nous, MESSIEURS, ne frémit pas au fouvenir de la famine qui nous menaçait, des nouvelles fâcheufes qui nous venaient de toutes parts ? Qui de nous pourrait avoir oublié avec quel enthoufiafme il vit placer à la tête de la Municipalité, l'homme de génie, le Philofophe, qui, nommé pour préfider la Chambre des Communes, s'était oppofé aux abus de l'Autorité, avait avancé que par-tout, dans une églife, dans un jeu de Paume, les Repréfentans du Peuple pouvoient tenir leurs féances, & qui, par fa fermeté courageufe, avait forcé les Ordres à fe réunir & à former l'*Affemblée*

Nationale ? Qui de nous ne porte pas avec satis-
faction ses regards sur l'établissement de la Garde
Nationale ? Qui saurait nombrer les services que
nous a rendus notre Commandant Général ? Qui de
nous pourrait séparer dans sa pensée deux noms si
chers à la Patrie, *Bailly* & *la Fayette* ? Ces deux
hommes que les passions des ames communes au-
raient pû rendre rivaux, mais qui n'ont jamais fait
qu'un seul, pour travailler sans relâche au salut public; qui ont assuré notre tranquillité; qui ont su
braver les fatigues & les dangers; qui sont sortis du
creuset de la calomnie, aussi brillans, aussi purs
que l'or sort de la coupelle.

Qui de nous enfin, s'il veut être juste, ne re-
connaîtra pas qu'un Ange tutélaire semble veiller
sur la Capitale depuis un an; &, dans la sincérité
de son cœur, ne rendra point des graces à la plupart
des Administrateurs, qui, de Citoyens occupés de
travaux paisibles, sont devenus tout-à-coup des
hommes publics, dont la vie a été souvent exposée
à la fureur populaire, & qui ont su par leur zèle,
par leur activité, suppléer à leur défaut d'expé-
rience, nourrir & contenir tant de milliers de mal-
heureux qui nous inquiétaient, ou excitaient notre

A 3

commisération, & entretenir dans la ville autant d'abondance, autant de sûreté que les circonstances pouvaient le permettre !

Elles sont formées les Gardes Nationales, & la France est sauvée. C'est à elles, n'en doutons pas, c'est à leurs sentimens, conformes à ceux du Roi, que nous devons le bonheur d'avoir échappé aux horreurs d'une guerre civile. C'est à elles que nous devons les beaux jours qui viennent de s'écouler. Vingt-quatre millions d'hommes avaient nommé leurs Représentans pour former une Constitution ; ils ont envoyé leurs Députés pour jurer en leur nom d'obéir aux loix, & Paris a vu la plus belle fête que l'histoire entière du monde puisse offrir. Cette fête a dû être le désespoir des ennemis de la Révolution ; elle a eu lieu au bout d'un an de l'époque de notre liberté ; elle s'est passée dans ce même champ de Mars que des troupes étrangères avaient occupé l'année dernière, & d'où ils avaient l'air de menacer nos foyers ; elle a donné l'idée de nos forces ; elle a fait connaître nos sentimens.

Qu'ils osent dire encore dans leur langage ridiculement insolent ; qu'ils osent dire, ces ennemis de la Révolution, que les Français sont des révoltés ;

pour toute réponſe, **on leur montrera le** *champ de Fédération* ; un autel dédié à la Patrie , le Peuple Français librement repréſenté par ſes Législateurs , par des Députés des Gardes Nationales & des Troupes de ligne , ayant à leur tête leur Roi & faiſant tous , en préſence de l'Éternel , à la face de l'univers , ſerment d'être Citoyens , d'être frères & de défendre la Conſtitution qui doit aſſurer la gloire & le bonheur de l'Empire.

Il y a un an , MESSIEURS, nous rompions nos fers ; c'eſt aujourd'hui que nous allons faire les premiers pas d'hommes libres. C'eſt dans les Aſſemblées primaires , que chaque Français jouit eſſentiellement des droits de Citoyen. C'eſt-là que la réunion des volontés individuelles , forme la volonté générale pour nommer ceux que le Peuple juge dignes de ſa confiance. Lors de nos premières élections , le choix pouvait être hazardé ; le mérite était inconnu ; tel Citoyen avait en lui le germe de grands talens qu'il ignorait lui-même. Mais à préſent que le Français peut ſe dire : *Je ſuis libre à l'appui des Loix ; j'ai une patrie ;* il a reçu le bienfait d'une nouvelle exiſtence. Ce n'eſt plus cet Égoïſte qui rapportoit tout à lui ; ce n'eſt plus cet être isolé , cet homme, aimant la vertu, mais étranger au milieu de son pays, qui disait tristement: *Le Sage n'a qu'un parti à prendre; celui de gémir en silence, des maux qu'il ne peut empêcher;* c'est un Citoyen qui se voit dans ses frères, & qui voit ses frères dans lui. Aussi, MESSIEURS , une nouvelle carrière va-t-elle s'ouvrir pour nous. Le Français ne cherchera plus à usurper la fortune, à briguer la faveur ; mais à remplir ses devoirs. Il ne combattra plus d'intrigues, mais de vertus. Il n'aura plus une Cour à encenser; mais une Patrie à servir. Il n'aura plus des maîtres impérieux qu'il fallait caresser; mais des Juges qui ne considéreront ni son nom, ni ses ayeux, ni sa fortune, mais ses talens & ses actions. Il n'aura plus la crainte servile d'une autorité arbitraire; mais cette confiance dûe aux loix qui ne font acception de personne, & devant qui tous les hommes sont égaux.

Chérissons les Loix, MESSIEURS; elles seules peuvent assurer notre tranquillité & notre bonheur. Les Loix commandent l'union ; soyons unis; nous avons juré de l'être : que notre serment ne soit pas vain & frauduleux! Soyons unis pour la cause commune ; garantissons-nous de toute prévention, de toute précipitation dans le choix de ceux qui doivent être chargés de nos intérêts ; mais quand ce choix sera fait , livrons-nous avec confiance aux Citoyens honnêtes qui en feront l'objet. N'oublions pas que s'ils jouiffent de l'autorité , c'eft la nôtre propre dont nous les avons fait dépofitaires , & que c'eft à nous-mêmes que nous obéiffons , puifqu'ils ne font que les organes de notre volonté. N'oublions pas qu'en les honorant , en les refpectant , nous nous honorons, nous nous refpectons nous-mêmes, puifqu'un homme public eft véritablement le Repréfentant de fes Commettans.

Soyons unis ; la raifon , l'intérêt , tout nous y engage : fans union , point de force , point de liberté , point de Patrie. Nous préferve le Ciel de porter envie aux talens que nous aurons récompenfés en les mettant en évidence ! Difons-nous fans ceffe : La place qu'un de mes frères occupe aujourd'hui , je peux la remplir demain. Gardons-nous de crier à l'injuftice , parce que le moment de paraitre n'eft pas encore venu pour nous ; mais redoublons d'efforts pour acquérir plus de mérite , & pénétrons-nous de ces vérités : Que la Patrie , fût-elle ingrate , a toutes fortes de droits fur tout ce qui eft en nous , & qu'un Citoyen est toujours assez grand , quand il a fait son devoir.

Soyons unis d'intention & d'actions avec tous les Français ; mais principalement entre nous dont l'ordre nouvellement établi a fait une Section particulière. Que toute ligne de démarcation soit effacée entre notre ancien District & la portion de Montmartre qui lui est réunie. Que toute idée de distinction soit bannie de nos cœurs; nous ne sommes plus qu'une même famille : nous ne pouvons point avoir d'intérêts séparés.

En effet, MESSIEURS, nous n'en avons qu'un ; celui de pouvoir prendre pour devise : *La Nation, la Loi, le Roi ;* & de remplir avec fidélité le serment qui confirme celui que nous avons fait au champ de la Fédération ; serment qui doit précéder l'ouverture de nos Assemblées, que je prononce en votre présence, & qu'aux termes des Décrets, je dois recevoir de chacun de vous individuellement: *Je jure de maintenir de tout mon pouvoir la Constitution du Royaume, d'être fidèle à la Nation, à la Loi & au Roi, de choisir en mon ame & conscience les Citoyens les plus dignes de la confiance publique.*

& de remplir avec zèle & courage les fonctions civiles
& politiques qui pourraient m'être confiées.

PAR le Procès-verbal de l'Assemblée générale
de la Section de la Grange - Batelière , tenue en
l'Eglise des Capucins de la Chaussée d'Antin , le
28 Juillet 1790 ,

Pour l'appel nominal de *tous* les Citoyens actifs,
& la prestation de leur serment :

APPERT que l'Assemblée a arrêté que le
Discours de M. Leroux seroit imprimé ; qu'il en
seroit distribué des exemplaires aux Citoyens de la
Section ; que des exemplaires en seroient envoyés à
M. le Maire, à M. le Commandant Général , aux
Administrateurs de la Municipalité , & aux qua-
rante-sept autres Sections.

J. J. LEROUX, Président.

BEFFARA , Secrétaire.

DE L'IMPRIMERIE DE PRAULT,
Imprimeur du Roi, Quai des Augustins.